KB188978

© 2003 NEXON Korea Corporation All Rights Reserved.

메이플스토리

프렌즈스토리 직업체험 2

등장인물

원하트

공부에는 전혀 관심이 없고 끊임없이 문제만
일으키는 최고의 말썽꾸러기. 쌍둥이 형제이자
신수그룹 비서실장인 나인하트 대신 신수학교에
들어간 뒤, 시그너스에게 자신의 진짜 정체를
들킬까 전전긍긍한다.

나인하트

어렸을 때부터 최고의 영재로 불리며
시그너스를 위해 일한 신수그룹 비서실장.
원하트로 행세하며 생애 처음 만나는 자유를
만끽하는 것도 잠시, 물광 걸스에 납치되어
일생 최대의 위기에 빠진다.

시그너스

아름다운 외모와는 정반대의 성격을 지닌
신수학교 이사장. 유일한 친구인 나인하트만을 믿고
의지하고 있으며, 만약 나인하트에 대한 자신의
믿음이 깨진다면 마지막 희망마저 사라지는 것이라
생각하고 있다.

물광 걸스

빛나는 피부와 싸움 실력으로 동네를 주름잡는
불량 소녀들. 나인하트를 원하트로 알고 납치한 뒤
자신들에게 분신술을 가르쳐 줄 것을 강요한다.

에릭손

순진해 보이는 외모와는 달리 뭔가 숨기는 것이 있는 듯
수상한 행동을 하는 신수학교의 경비원. 누군가의
명령으로 원하트와 시그너스를 남몰래 감시한다.

직업체험

선생님 Teacher

전문성과 교육관, 책임감이 빛나는 직업. 학생을 이해하려는
마음과 끈기, 인성을 기본 덕목으로 전문 지식을 학생들에게
쉽게 전달할 수 있는 학습 지도 능력을 갖춰야 한다.

지난 줄거리

최고의 영재인 나인하트와 최고의 문제아 원하트는 외모 외에는 같은
것이 하나도 없는 쌍둥이 형제. 스트레스에 지친 나인하트는 일주일만
역할을 바꿀 것을 제안하고, 원하트는 할 수 없이 신수학교에 들어간다.
하지만 자신의 정체를 모른 채 애정을 쏟아붓는 신수학교 이사장
시그너스와 그런 시그너스를 위협하는 기업사냥꾼 아레다와 불량배
때문에 원하트의 학교생활은 위기에 빠지고, 자유를 즐기던 나인하트는
물광 걸스에게 납치되어 알 수 없는 곳으로 끌려가고 마는데…?

차례

•**1판 1쇄 인쇄** | 2015년 6월 23일 •**1판 1쇄 발행** | 2015년 6월 30일 •**글** | 동암 송도수 •**그림** | 서정은 •**발행인** | 이정식
•**편집인** | 최원영 •**편집** | 박윤경, 이은정, 이희진, 박수정, 박주현, 오혜환, 박지선 •**표지 및 본문 디자인** | 김가희 •**출판영업
담당** | 홍성현, 임종현 •**제작 담당** | 이수행, 주진만 •**발행처** | 서울문화사 •**등록일** | 1988. 2. 16. •**등록번호** | 제2-484 •**주
소** | 140-737 서울특별시 용산구 새창로 221-19(한강로 2가) •**전화** | 02-791-0754(판매) 02-799-9148(편집) •**팩스** | 02-
749-4079(판매) •**출력** | 덕일인쇄사 •**인쇄처** | 서울교육 •**ISBN** 978-89-263-9827-2 978-89-263-9806-7(세트)

07 교생 선생님

아, 머리 아파.
이건 나인하트한테
안 좋은 일이 생겼다는
신호인데….

대체 무슨 일….

예쁘다…
여신님 같아.

안녕하세요,
신수학교 학생
맞죠?

네….
뭐 일단은….

반가워요! 난 새 학기부터
신수학교에서 교육실습을
할 교생 주카라고 해요.

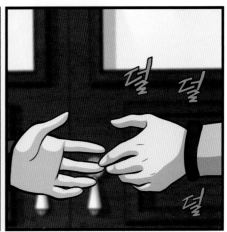

저, 전기!

이름이 뭐예요?

제 이름은 원… 아니, 나인하트….

어머, 그 유명한 나인하트?

손부터 놓고 말씀하세요! 웃으시니까 전기가 더 세지잖아요!

실습 시작하기 전에
학교를 둘러보려고 왔는데…
안내해 줄래요?

운이 좋으시군요.
최고의 가이드를
만나셨어요.

예헷!

따라오시죠.
학교 구석구석
안내해
드리겠습니다.

아는 건 회장실과
화장실뿐….

덜컥!

내가 지금
이럴 때가
아니잖아!

꼬

아쉽네, 교생 선생님과
친해질 수 있는
기회였….

윽, 또~!

나인하트, 조금만
기다려….

타다다

아…
안녕하세요?

저 볼일이 있어서
잠깐 외출 좀….

안 돼!

왜요?

널 학교 밖으로
한 걸음도 내보내지
말라는….

아레다 이사장님의
지시가 있었다!

그러니까…,
아저씨가
아레다 이사장의
스파이다
이거예요?

아레다 이사장은 대체 왜 이러는 건데요?

이사장님은 네가 *굴복하길 원하신다!

*굴복하다 : 머리를 숙이고 꿇어 엎드리다.

자신의 뜻을 이룰 때까지 그 어떤 수단과 방법도 가리지 않으실 거다!

그러니 포기해. 상대를 잘못 골랐어!

맞아요, 아레다 이사장에게 그렇게 전해 주세요.

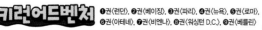
만화와 사진으로 배우는 세계 문화 생활상식! 신 나는 세계여행!
쿠키런어드벤처
❶권〈런던〉, ❷권〈베이징〉, ❸권〈파리〉, ❹권〈뉴욕〉, ❺권〈로마〉,
❻권〈아테네〉, ❼권〈비엔나〉, ❽권〈워싱턴 D.C.〉, ❾권〈베를린〉

당신은 상대를
잘못 골랐으니
포기하라고요!

지혜로운 아이인 줄
알았는데 실망이구나.
난 분명히 얘기했다!
널 내보낼 수 없다고….

저도 분명히
말씀드렸을 텐데요….

볼일이 있어
외출하겠다고요!

나인하트는 경비원 아저씨와 무슨 얘기를 저렇게 심각하게 하지?

정 고집을 부린다면 할 수 없지. 힘을 써서라도 막는 수밖에….

니휴~

내가 동양 챔피언까지 지낸 권투 선수였다는 소문은 들었겠지?

아, 왠지 낯익은 얼굴이다 했더니….

 **직업OX퀴즈❶ 정답 : O**

유아들이니만큼 선생님은 한순간도 눈을 떼서는 안 됩니다.

복싱영웅 에릭슨 선수였구나!
갑작스러운 부상으로
은퇴하지만 않았다면
세계챔피언도
가능했을 거라던….

부탁이니 날
더 이상 자극하지
말아라.

그럼 제가
아저씨랑 대결해서
이기면 외출할 수
있는 거죠?

뭐? 얘가 정말….

시간이 없어요.
빨리 시작해요!

참, 저는 대결할 때 꼭 지키는 원칙이 있어요. 상대의 공격을 세 번 맞아 준 다음에 시작한다!

뭐? 왜 그런 이상한 원칙을…

엄마와의 약속이거든요. 상대가 때려도 세 번은 참기로… 엄마 진짜 너무해!

세 번을 맞겠다는 거냐, 세 번을 참겠다는 거냐? 어느 쪽이야?

그러고 보니 엄마와 약속한 건 '참는' 거지, '맞는' 게 아니었네! 상대의 공격을 세 번 피하면 되는 거였어. 그걸 모르고 지금까지 멍청하게 맞고 있었다니…

쿵ㅡ

 직업OX퀴즈❷ 정답 : O

간식 시간과 쉬는 시간 등을 통해 바른 생활 습관을 기를 수 있도록 지도합니다.

감사합니다! 덕분에 중요한 걸 깨달았어요!

꾸벅

은혜를 갚는 의미에서 최대한 안 아프게 아저씨를 쓰러뜨릴게요.

너 정말 나랑 대결하겠다는 거냐?

그래야 절 내보내 주신다니, 어쩔 수 없잖아요!

설마 날 이길 거라는 허황된 꿈을 꾸는 건 아니겠지?

삐릴

허황된 꿈은 안 꾸고요…

솔직히 대결해 보나 마나 제가 이기겠지만, 그렇다고 그냥 넘어갈 수 없으니까….

 직업OX퀴즈❸ 정답: X

유치원 선생님은 유치원 정교사 2급 자격증이 필요합니다.

주춤

덜썩

허리케인에
강타 당한 느낌이야!
주먹 바람만으로도
이 정도인데,
진짜로 맞으면….

열 번의 챔피언 방어전을
모조리 1라운드 KO승으로
끝낸 나의 주특기
〈왼손 스트레이트〉다!

은퇴 후에도 연습을 게을리
하지 않았기 때문에 내 실력은
전혀 녹슬지 않았어!

어쨌든 내 공격을
세 번 맛보았으니….

얌전히 발길을
돌려라,
나인하트!

다시 한 번 부탁드리는데요,
저 그냥 보내 주시면 안 될까요?
해보나 마나 제가 이기거든요.

이놈이 정말….

도망갈 기회를 버린 걸 후회하지 마라, 나인하트!

후회는 아저씨가 하실 것 같은데요, 어차피 질 싸움을 괜히 해서 시간만 낭비했구나라고….

경비원 아저씨는 유명한 권투선수 출신이라던데….

★★★
화제의
책

사고력과
이해력을
향상시켜 주는
국내 최초
수학논술만화!

논술형
문제 대비!
의사소통능력
강화!

홀수달 20일
출간!

나인하트가
다치기 전에
말려야 해!

파타타

다쳐도
난 모른다!

말씀이
너무 많으시네요.
자신이
없으신가
봐요?!

더 이상은 도저히 못 참겠다!

각오해랏―!

슈 욱

안 돼애애―!!

슈아악

08 격투기를 책으로 배웠다고?

나인하트, 너….

격투기 어디서 배웠냐? 책밖에 모르는 공부벌레가….

어디긴요, 당연히 책에서 배웠죠….

씨질

돌아오면 정식으로 사과 드릴게요!

꾸벅

저렇게 예의바른 녀석이….

타다다

아깐 왜 그렇게 건방진 소리를….

솔직히 대결해 보나 마나 제가 이기겠지만 그렇다고 그냥 넘어갈 수 없으니까….

흠칫!

날 흥분시키려는
작전이었어. 거기에 넘어가
이성을 잃은 나는
방어에 소홀했고…

그 틈을 노려
멋진 백 스핀 블로*를
성공시킨 거야!

취릭

빠!삭

*백 스핀 블로 : 몸을 돌려 상대방의 뒤로 빠져나간 뒤 기습공격을 하는 기술.

녀석은 타고난
파이터다!

이상하게 졌는데도
웃음이 나오는군,
허허허─!

책에서 배웠다고 했지?
무슨 책인지
물어봐야지.

신기한 아이야….

타다다다

나인하트와 마지막으로
헤어진 장소가
여긴데…

두리번

두리번

원하트 형,
괜찮아요?

물광 걸스에게 잡혀
끌려갔었잖아요,
도망쳐 나온 거예요?

쿵

괜찮냐니,
무슨 소리야?

직업○X퀴즈
선생님 6
선생님이 되기 위해 공부하는 대학생들이 학교에서 실제로
학생들과 함께 생활하며 가르치는 체험을 하는 것을
교육실습이라고 합니다. (정답은 43p)

더 빨리 못 가요?

미… 미안해,
차가 낡아서….

근데 왜… 내가
널 데려다 줘야
하는 건지….

근데 지금
어디 가는
거야?

물광 걸스 본부요.
말했잖아요!

미…
미안해.

지금 그게
문제예요?

미…
미안해.

미안할 거
없는데….

어디로 간다고
말 안 했으면서….

하아..

목마르지?

배고프지?

원하트,
빨리 좀 와….

저벅

저벅

드르륵

원하트!

어서 꺼내 주기나 해!

나인하트, 괜찮아?
다친 데 없어?

왜 그래?

이대로
사라지는 건
예의가 아니지!

 직업OX퀴즈 **5** 정답 : X

선생님은 방학 동안에도 교육청에서 진행하는 연수 프로그램에 참여하여
새로운 수업 방법을 연구하고 공부합니다.

나와라, 물광 걸스!!

원하트, 그냥 가자….

이게 무슨 소리지? 밖에서 들리는 것 같은데….

뭐… 뭐야?

원하트가 탈출했나 봐요!

그 잘난 피부를 너희들 인간성과 똑같은 상태로 만들어 주마ー!!

뭐라고?

어떻게 저런 끔찍한 저주를….

강변 쪽이에요!

깜짝

잡히면 가만 안 돼ー!

휴다닥

어쩌려고…?

복수해야지!

직업OX퀴즈 **⑤** 정답 : ○

교육실습은 보통 대학교 4학년 1학기에 한 번 실시합니다.

저쪽이다ー!

블록으로 펼쳐지는
새로운 삼국지가 온다!

안녕~.

저쪽이야, 당장 잡아!

흐다닥

퍼석

떡

떡

떡

언니, 아무래도 안 되겠어요! 분신술을 도저히 당할 수가….

저희도 저희지만 언니의 뒤통수가….

헥 헥

헥

약한 소리 하지 마!

항복하느니 차라리 싸우다 죽겠다!

어떡해요, 언니. 피부에 트러블이….

더 이상 스트레스 받으시면 회복이 불가능….

항복한다, 원하트!

굽신

잘못했어요~.

나가서 항복 받아.

알았어.

쳐

너희가 저지른 잘못은 알고 있겠지?

붑끈

네, 정말 죄송해요. 앞으로 원하트 님을 오빠로 모실게요!

아니…, 그럴 것까진 없고….

앞으로 내 앞에 절대 나타나지 마!

그, 그럴 순 없어요!!

왜?

언니, 말해 버리세요!

언제까지 숨기실 거예요?

무슨 소리야?

저…. 실은….

원하트 오빠를 전부터 좋아했어요!!

쿵!

쿵!

수줍음 많은 제인 언니는 차마 고백 못 하고 오빠 주위만 맴돌다가….

어쩌다 보니 싸우는 사이가 된 거예요. 언니 진심은 그게 아닌데….

엉~ 엉~ 엉~

흑

아, 그…
그랬었….

오빠, 저희 언니랑
사귀어 주세요!

애…
얘들아….

★★★
화제의
책

한자가
쉽고
즐거워지는
효과만점
한자학습만화!

한자 로드

초등교과
어휘
완전정복!

부탁이에요.
제발 언니
마음을 받아
주세요~.

삐질 삐질

그러지 마,
오빠 부담 되잖아.

삐질 삐질

삐빌~ 삐빌~

삐질 삐질

으이그,
뭘 꾸물대는 거야?
딱 잘라 거절하고
나올 것이지….

너… 동생 데리러 온 것 아니었어?

맞아요. 그런데….

동생이 안 가겠대요.

하아-, 진짜 어이없네!
자기를 그렇게 괴롭힌
여자애를 어떻게···.

무슨 소리야?

얘가 공부만 하느라고 여자
친구 사귀어 본 적이 없어서
제정신이 아닌 게 분명해요···.
하지만 그래도 그렇지···.

빠라빰~

빠라빠라빵~

헉, 쟤들
뭐야?

야아一!!

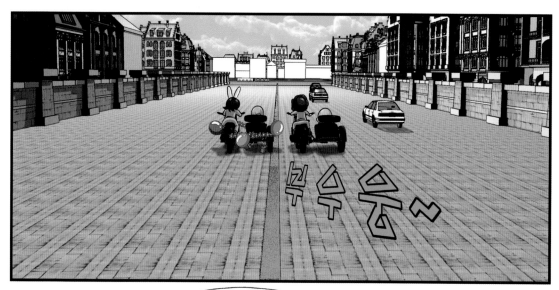

늦게 배운
도둑질에 날 새는 줄
모른다더니…!

직업○X퀴즈

선생님 7 학교의 교장 선생님은 학교를 대표하여 운영하는 책임자로서
선생님들이 교육 목표에 맞춰 학생들을 잘 가르칠 수 있도록
지도합니다. (정답은 67p)

불길한 예감이 들어.
일주일이 지나도 교대해
주지 않을 것 같은….

야, 일주일 지났잖아!

싫어~! 난 지금
생활이 좋거든~.

나인하트!

그리고 보니 처음부터 이상했어.
감기에 걸려 목소리가 변했다고
하기엔 아예 딴사람
목소리 같아!

째걱

이제 보니
너…

끝장이다!
들키고 말았…

변성기구나?!

하아..

왜 숨겼어?
더 남자답고
믿음직해서 좋은데.

들어가자.
개학이 코앞이야.
할 일이 많아!

칠~

칠~

원하트의 불길한 예감은
적중했다. 일주일이 지나고,
이주일이 지나고,
개학 날이 되어도….

고객이 전화를 받을 수 없어 음성사서함으로 연결됩니다, 삐이—.

야, 너 언제까지 내 전화 안 받을래? 일주일 지난 지가 언젠데, 약속 안 지켜? 진짜 혼나 볼래?

나인하트!
회장실로 와~!

부…
부르셨어요?

응.

방금 비서실에서
고함 소리가
들리는 것
같던데….

아, 새 학기도
시작되고 해서,
구호 좀
외쳤답니다!

파이팅, 신수!
아자- 아자-
아자-!

나인하트가 학교를 사랑하는 마음은 아무도 못 따라간다니까!

그런 의미에서 오늘부터 수업에 들어가 줘.

수… 수업에 들어가라고요?

응, 1학년 수학 수업에 들어가서 함께 공부하면 돼.

곧 시작하겠네. 서둘러야겠다.

회장님, 저는 대학을 졸업하고 박사 학위까지 딴 사람입니다! 어떻게 애들이랑 공부를 하라는 겁니까?

나도 잘 알지만, 사정이….

거절하겠습니다. 말도 안 되죠, 이건!

그래? 정 싫다면 뭐….

수업 들어갔다가 뭔 망신을 당하라고… 그것도 수학 수업…. 아후, 소름 끼쳐!

비질

실은 교육실습 중이신 주카 선생님이 부탁하셨거든. 너랑 만난 적이 있다며? 떨리는 첫 수업에 네가 있으면 한결 든든….

즈르륵

수업 들어가겠습니다!

직업OX퀴즈 ⑦ 정답 : ○

교장 선생님은 교육 경력과 지도력을 갖춰야 합니다.

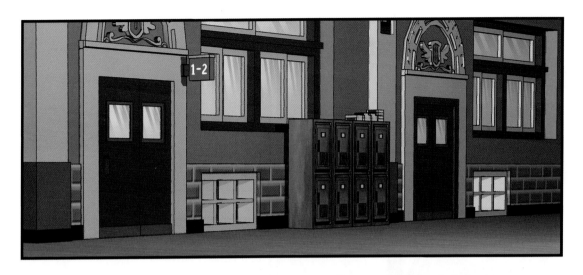

학생회장 나인하트 선배님이다!

선배님—! 저희 선배님 팬이에요!

이놈의 인기는 식을 줄 모른다니까~.

 직업OX퀴즈❽ 정답 : ◯

사립학교 외에 국공립 중·고등학교 선생님이 되려면 중등교사 임용시험에 합격해야 합니다.

나인하트,
왔군요!

만나서 반가워요, 전 여러분과 함께 수학을 공부할 교생 〈주카〉예요.

여러분, 수학 싫어하죠?

 직업OX퀴즈 ❾ 정답 : X

사범계열 외의 학과를 전공하면서 교직 학점을 이수하거나,
교육대학원에 진학하는 방법으로도 자격증을 받을 수 있습니다.

그건 여러분이 수학과 아직 친하지 않아서 그래요. 친해지면 수학처럼 재미있고 도움 되는 친구도 없답니다. 제가 여러분이 수학과 친해지도록 도울게요.

목소리도 너무 예쁘시다…!

뽕! 뽕!

오늘은 첫날이니까 간단한 테스트를 하겠어요.

테스트요? 첫날부터 시험 봐요?

삐질! 삐질!

시험 아니에요. 이름 쓰는 칸이 없거든요.

이름을 안 쓴다고요?

네. 수학에 대한 관심을 알아보기 위한 거니까 부담 없이, 하지만 성실하게 풀어 주세요.

신기한 시험이다, 그렇지?

다행이야. 내 실력이 들통나진 않겠어….

선생님이 나에 대한 기대가 크신 것 같아! 오늘부터 수학 공부 열심히 해서 선생님을 기쁘게 해 드려야지!

잠깐, 문제가 뭐 이래?

선생님!

번쩍

네?

문제가 이상해요!

아까 수학은 도움 되는 친구라고 하셨죠?

척

그럼요, 수학은 오늘날의 인류 문명을 만든, 인간의 가장 소중한 친구랍니다.

그런데 문제가 왜 이래요?

슥

한 시간에 1분씩 느리게 가는 고장난 시계가 있다. 10시 10분에 시간을 맞추었다면 사흘 후에 이 시계가 가리키는 시각은?

이게 뭐하는 짓입니까? 시계가 고장 났으면 빨리 고쳐야죠!

이 문젠 더 이상해요! 내 몸무게는 친구 몸무게의 절반에 20킬로그램을 더한 값이다. 내 몸무게는 얼마일까?

체중계로 재보면 되지, 이걸 왜 남한테 물어요?

제일 이상한 건 이 문제예요! 밸런타인데이에 슈퍼마켓에 갔더니 초콜릿 세트와 사탕 세트를 묶어 11,000원에 팔고 있었다. 초콜릿 세트가 사탕 세트보다 1,000원 더 비싸다면 초콜릿 세트의 값은?

슈퍼마켓 주인한테 물어보면 되잖아요!

쿵!

이런 수학이 어떻게 인류 문명에 도움이 될 수 있겠습니까? 다른 문제를 내주세요, 선생님!

★★★
화제의
책

원리를
실험으로
배우고 즐기는
과학학습만화!

실험키트
+
과학핵심개념

과학도둑

나… 잘못한
거야?

나인하트!!

10 은하수를 헤엄치는 소년을 위한 안내서

바보, 멍청이, 돌머리….

박사 학위라니!
역시 우리 아들은
천재야!

와~

한참
찾았어요.

옆에 앉아도
돼요?

아뇨, 싫은데요!

싫다고 했잖아요!

싫어도 할 수 없어요.
원래 선생님 자리는
학생 옆이니까….

선생님 자리는
학생 앞에 있는
*교단 아닌가요?

*교단 : 교실에서 선생님이 수업할 때 올라서는 단.

우리 아빠는 시골
초등학교 선생님이세요.
제가 교육실습을
시작한다니까….

이런 문자를 보내셨어요….

볼래요?

교단 위를 인생의 자리로 정한
내 딸의 힘찬 첫걸음에 박수~
하지만 기억하거라.
원래 선생님의 자리는
학생 옆이라는 것을…
나란히 앉아 같은 방향을 보며
같은 꿈을 꾸는 것..
그것이 세상에 선생님이
존재하는 이유라는 것을!

아…

아까 수학이 인류 문명에 무슨 도움이 되냐는 질문….

아읔, 창피해~.

깜짝 놀랐어요!

너… 너무 멍청해서요?

아뇨!

난 어려서부터 수학을 좋아했고, 잘했고 결국 수학 선생님이 되었죠. 한번도 의심한 적이 없어요. 수학은 좋은 것, 훌륭한 것, 인류 문명을 만든 위대한 학문! 그런데 막상 나인하트의 질문을 받는 순간…

할 말이 전혀 떠오르지 않는 거예요! 수학이 도대체 무슨 도움이 되는 걸까?

그래서 수업이 끝난 후, 교무실 구석에 앉아 곰곰이 생각했죠!

볼끈

주카, 이 질문에 대답 못 하면 넌 선생님 자격 없어! 당장 때려치워!

서… 선생님, 뭐 그렇게까지….

그래서 결국 답을 얻었죠!

들어 볼래요? 대신 큰 기대는 말고요.

네.

난 수학이란 상상하는 법을 배우는 학문이라고 생각해요!

고장 난 시계는 사흘 후에 몇 시를 가리키고 있을까? 내 몸무게와 친구 몸무게는 어떤 관계가 있을까? 남자 친구에게 줄 초콜릿을 사려면 용돈을 얼마나 모아야 할까….

시계를 고치지 않고, 체중계를 찾지 않고, 슈퍼마켓 주인한테 묻지 않고 혼자서 가만히 상상의 날개를 펼치는 사람들… 난 그런 사람들이 수학을 만들었을 거라고 생각해요. 또 그런 사람들이 우리 삶을 조금씩 더 재미있게 만들어 왔고요.

끄덕

어떤 상상이든, 상상하는 것은 재미있으니까요!

싱긋

저는 상상하는 거 잘 못해요….

이상하네. 10살 때 박사 학위를 딴 천재소년이라고 들었는데….

상상하지 못하는 사람은 그런 질문을 할 수 없어요.

아뇨! 그건 그냥 바보 같은 질문일 뿐이에요.

어머, 별이 떴네!

상상하는 법을 가르쳐 줄까요?

수학을요?

하하하, 그건 아니고요….

뿔러덩

서… 선생님 뭐 하시는 거예요?

 직업○X퀴즈 ⑩ 정답 : ○

전공 과목을 여러 반 학생들에게 가르칩니다.

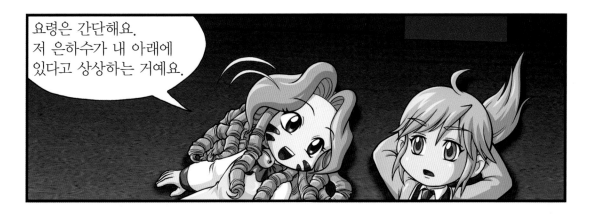

요령은 간단해요.
저 은하수가 내 아래에
있다고 상상하는 거예요.

나는 지금 은하수 위에서
은하수를 내려다보고
있는 거죠.

저 넓은
별의 바다가….

내 밑에….

 직업OX퀴즈⑪ 정답 : X

유치원 선생님, 초등학교 선생님, 중·고등학교 선생님 모두 해야 할
각종 행정 업무가 있습니다.

구름이 별을
가렸어요.

아..

신기하다….

타!딱
타!딱

마치 꿈을 꾼
것 같아.

 직업OX퀴즈 ⑫ 정답 : X

저출산의 영향으로 학생 수가 줄어 필요한 선생님의 수 또한 줄어들고 있습니다.

아아..

그래, 수학 공부를 시작하는 거야!

불끈

근데 기초부터 공부하려면 어떻게 해야 할까?

저벅
저벅

왜 이렇게
늦었어?

볼일이
있어서요….

맨날 볼일 있대.
무슨 일이었는데?

실은…
주카 선생님과
이야기하다
왔어요.

주카 선생님이랑
지금까지 같이
있었단 말이야?

무슨 이야기했는데?

특별한 건 아니었어요.

말해 봐, 궁금해서 그래. 응?

어쩌고

저쩌고

주카 선생님은 정말 훌륭하신 선생님이에요! 오늘은 제게 평생 못 잊을….

!

달리는 쿠키들의 신나는 한자 대모험!
쿠키런한자런③

그래서 지금, 개인적인 일로 계속 자리를 비웠다는 건가요, 나인하트 비서실장?

네?

비서실장은 항상 내 곁을 지켜야죠!

그, 그게….

요즘 아주 엉망진창이야! 제대로 하는 게 없어! 계속 이따위로 할 거예요?

죄… 죄송합….

서류 전부 검토하고 문제점 파악해서 보고서 올리세요!

아침 6시까지에요! 1분이라도 늦으면 각오해요!

시그♥나인

남친이 내 앞에서 딴 여자 칭찬을 해요. 그것도 침이 마르게.. 어떡하죠?

tox*****	세상에 그런 몰상식한…
str *****	인간의 탈을 쓰고 어떻게…
lol*****	부숴 버리세요!
sta*****	박살을 내요!
iph*****	달달 볶아요. 유체이탈이 될 때까지!
com*****	주소 찍어요, 제가 대신 혼내 줄게요!

피리릭

뚝뚝

뭐죠?

회장님께 드릴 말씀이….

아까 말씀을 끝까지 드리지 못해서요….

오늘은 제게 평생 못 잊을…, 두 번째 날이라는 말씀을 드리려고 했거든요.

첫 번째 날은
언젠데요?

그야 당연히 시그너스
회장님을 처음으로
뵙던 날이죠!

그날의 감격은 잊을 수가 없습니다!
아, 여신이 내려오셨구나!
그날에 비하면 두 번째 따위는
파리똥보다도 못 하죠!

피곤해 보이네.
일찍 자,
나인하트.

서… 서류는요…?

중요한 것 아니니까 천천히 해.

★★★
화제의 책

영어가 쉽고 즐거워지는 효과만점 영어학습만화!

영어도둑 7

워크북
+
MP3파일
+
스토리카드

영어도둑

치사하고 아니꼬워서 더 이상은 못 해먹겠어!

고객이 전화를
받을 수 없어
음성사서함…

나인하트,
이 웬수야―!!

11 꼬리가 길면 밟힌다!

그날 이후 신수학교 학생회장에겐 새로운 별명이 생겼다!

와~ 와~ 와~

수학의 해방자

당장 그만
하지 못해-?!

뻐 쩍

아, 피곤해.
연예인들이 왜 힘든지
알겠어….

휴~

저기, 선배님….

쿡!

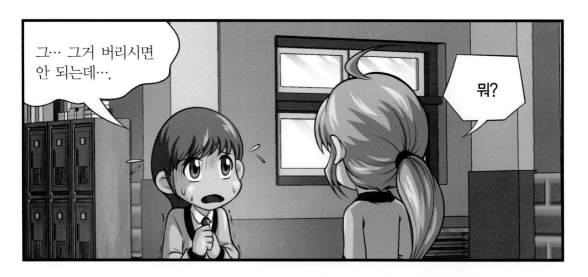

그… 그거 버리시면 안 되는데….

뭐?

몰라요, 전 분명히 전했어요!

주 춤

타다다

나 참 살다 살다 이런 학교는 처음 보네!

그렇다고 내가 다른 학교를 다녀 본 건 아니지만….

새휴~

그 쪽지…,
왠지 마음에 걸려.

나인하트
뭐 해?

회장님….

직업OX퀴즈
선생님 14
교수가 되기 위해서는 반드시 대학원에서 석사과정과
박사과정을 차례로 거쳐 박사 학위를 얻어야 합니다.
(정답은 123p)

115 ·

맛있게 싹 다 먹어야 돼!

찰-짝

삐질

저 금방 밥 먹고 왔는데 어떻게 저걸 다…

그래서 지금 못 먹겠다는 거야?

이글 이글

으앙~

이게 얼마나 하기 힘든 음식인데~! 고기도 볶고 아채도 따로 볶고~!!

우걱 우걱

직업○X퀴즈

선생님⑮

특수학교 교사는 학생의 장애 유형에 맞춰 각각 다른 교육 방법으로 지도합니다.
(정답은 125p)

어머, 벌써 다 먹었어?
남겨도 되는데….

그 많은 걸 다 먹다니,
정말 맛있었구나?

네….

안 그러면
또 난리 칠 거면서….

참, 회장님,
궁금한 게 있어요.

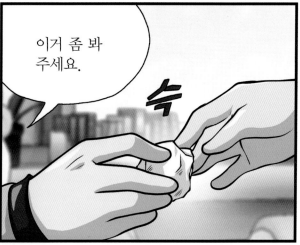

이거 좀 봐
주세요.

이건
〈기사단 소환장〉
이잖아!

그…, 그렇죠?!

어디서 났어?

복도에서
주웠는데요….

신수기사단이
대체 누굴
소환했을까?

누군지 참 안됐다. 이사장인 나도 도와줄 수 없으니….

으…, 궁금해 미치겠네!

누구한테 물어보지?

학교 홈페이지에 들어가 볼까?

신입생을 위한 안내서를 보면 되나?

여기 있다,
신수기사단!

신수기사단

뚝

신수학교 최고의 엘리트 동아리.
성적, 외모, 가문 심지어
싸움 실력까지 종합하여
상위 0.1%의 학생들로 구성됨.
학교를 실질적으로 지배하며
입법, 행정, 사법의 삼권을
틀어쥐고 있음.
학교의 명예를 더럽힌 자에게
발부되는 〈기사단 소환장〉은
공포의 대상임!

이건 또 뭐야?
얘들이 왜 날 불러?

숨 찔

아, 골치
아파~!!

에휴

나인하트
이 원수….

삑!
삑!

분명히 또 고객이
전화를 받을 수
없다고….

원하트?

나인하트… 너
지금 전화
받은 거야?

응.

후우,
침착하자~.

살살 달래야 해!
화냈다가 전화를
끊어 버리기라도
하면….

사랑하는 동생 나인하트야~.

나 네 동생 아닌데?

암요, 어디로 보나 제가 형님 동생이죠! 특히 형님은 약속을 잘 지키시기로 소문난 분 아닙니까? 어쩔 수 없는 사정으로 좀 늦었지만 이제라도 약속 지키실 거죠?

약속? 무슨 약속?

나인하트 형, 이러지 마아~ 딱 일주일만 역할 바꾸고 교대하기로 했잖아~? 다 알면서….

직업○X퀴즈⑭ 정답 : X

간혹 박사 학위가 없어도 특별한 업적을 이룬 사람을 교수로 임명하기도 합니다.

엇, 잘 안 들리네…. 여보세요, 여보세요. 나중에 다시 걸게….

이게 어디서 뻔한 수작을….

나인하트!! 당장 학교로 와! 더 이상은 못 참아! 괴짜 회장 비위도 못 맞추겠고, 얌전한 모범생 흉내도 지긋지긋해! 한 시간 안에 안 나타나….

직업OX퀴즈⑮ 정답: ○

시각장애 학생을 지도하는 교사는 촉각이나 소리를 이용해 가르치고,
청각장애 학생을 지도하는 교사는 수화 익히기 등을 가르칩니다.

125·

그러니까 넌…
나인하트의 쌍둥이 형제
원하트….

그러니까 둘이 짜고…
날 바보 만든 거네.

회… 회장님,
그게 아니고요….

네….

지난번에 말했지?
나인하트마저 날 속인다면,
더 이상 내겐….

희망이
없다고….

이제
어떻게 하지….

고객이 전화를
받을 수 없어….

12 시그너스가 흑마법을?!

타타타

회장님!

놀랐잖아요. 편지 써 놓고 떠나신 줄 알고….

후~

딴사람이 되었어!
늘 미소 짓던 천사 같은
소녀였는데…

아..

나 때문이야.
나인하트와 짜고
못된 장난을
쳐서…

회장님, 죄송해요.
이 죗값은
꼭 갚겠습니다!

어떻게
갚으려고?

뭐든 말씀만
하세요~.

평생 내 노예가
되는 건 어때?

에이, 그 정도까지
큰 죄는 아니죠~!
장난 가지고 뭘
그렇게까지…

역시 예상대로야!
지금 넌 아무것도
반성하고 있지 않아.

반성하고 있어요!
노예 되는 것만 빼고
뭐든지 다 할게요~.

그럼 머리카락 한 올만 줄래?

네?

네 머리카락 한 올만 뽑아서 봉투에 담아 달라고!!

뭐 하시려고….

싫어?

아… 아뇨, 싫긴요! 이까짓 머리카락이 문젠가요?

뭐야…,
빈 봉투였잖아.

듬뿍 뽑아
넣었어요….

됐어,
이제 가.

네?
어디로요?

네가 가고
싶은 곳으로!

오늘이 그믐이니,
딱 맞네.

아~ 살 것 같다!
역시 난 갇혀 사는
체질이 아니야.

가만, 우선 나인하트
녀석부터 찾아야….

원하트 형,
안녕하세요?

어, 너 잠깐
나 좀 보자.

뭔가 중요한 것을
지나친 느낌이….

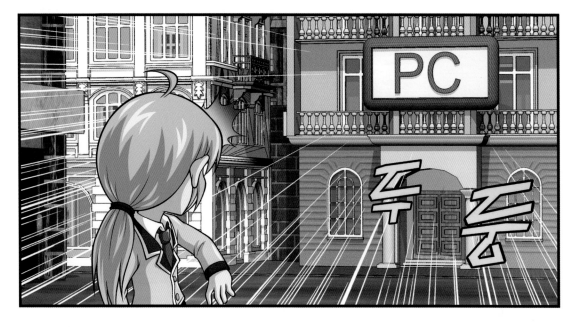

아싸~!!

 직업OX퀴즈 ⑯ 정답 : O

대학교에서 특수교육 관련 학과를 전공하거나 대학원에서 특수교육을 전공해야
자격증을 얻을 수 있습니다.

저벅

저벅

저벅

장학사는 학교나 선생님의 교육 활동을 관리하고 지원하는 역할을 합니다.

살짝

휘익

슥

훗, 신수학교 지하에
이런 곳이 있다는 건
아무도 모를걸?

교육 관련 학과 외에 국어, 수학 등의 과목별 전공자도 가능합니다.

어릴 적
우리 가문 전속 마법사가
사용했던 실험실!

사비트라마
할아버지…!

할아버지,
나 마법 가르쳐 줘,
응?

우리 아가씨가 또
숙제하기 싫으신가보네.
숙제 해주는 마법은
없다니까요.

누굴 어린애로
알아? 나 이제
다 컸어!

 알쏭달쏭 헷갈리는 25가지 맞춤법 고민 해결!
쿠키런 맞춤법이 헷갈려?! ❷ 형태편

그럼 무슨
마법을 배우고
싶으신데요?

흑마법!

후 후

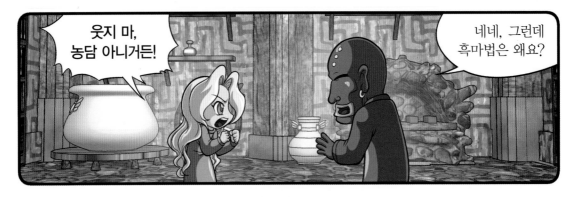

웃지 마,
농담 아니거든!

네네, 그런데
흑마법은 왜요?

내 짝꿍 남자애가
자꾸 나한테
못되게 굴어!

걔한테 흑마법을 쓸 거야!
지옥의 공포를 맛보게
해줄 거라고-!!

크하하~

에이,
웃지 말라니까!

안 가르쳐주면
밥 안 먹을 거야!
나 굶어 죽으면
할아버지 책임이니까
알아서 해!

알았어요, 가르쳐
드릴게요!

정말?

그게 어디
있더라….

옳지, 여기 있군!

위험한 약이니 정말 미워하는 사람한테만 사용하셔야 해요!

씨익

툭

재미 2위

 분신술에 속은 물광 걸스!

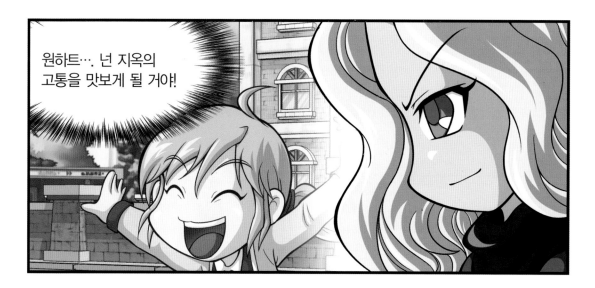

원하트…. 넌 지옥의
고통을 맛보게 될 거야!

수

사르륵

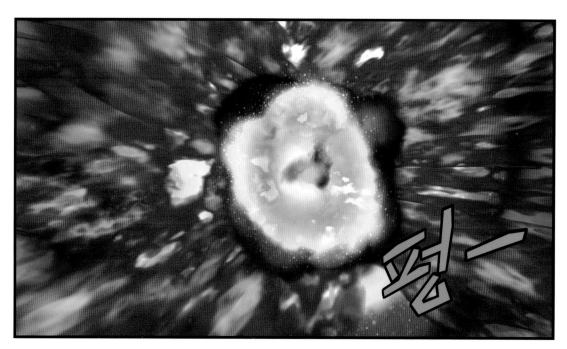

펑—

형, 왜 그래요?

갑자기 머릿속에서
뭔가 폭발하는
느낌이….

좋아, 마법이 제대로
걸린 것 같아!!

깜짝

병 바닥에
웬 쪽지가···.

1800만부
돌파!!

상상력과
창의력을
향상시켜 주는
성장스토리만화!

읽다 보면
어휘력이
쑥쑥!!

짝수달 20일
출간!

쿵-

친구를 미워하시면 되나요?
이 약은 머리카락의 주인과
사랑에 빠지는 약이랍니다.
사랑하며 사세요♡

-사비트라마-

부들

부들

155 ·

심층분석 직업탐구 ❷

사람을 키우는 장인

선생님 Teacher

 우리는 보통 3~5살 때부터 어린이집이나 유치원을 거쳐 초등학교와 중·고등학교 과정을 겪으며 사회성을 키우고 사회인으로 갖춰야 할 다양한 지식을 배우며 성장합니다. 그리고 이때 만나는 많은 선생님들을 통해 지식을 전달 받을 뿐만 아니라 생각과 성격에도 많은 영향을 받게 되지요. 때문에 선생님은 전문 지식을 갖춰야 함은 물론, 가지고 있는 지식을 학생들에게 쉽게 잘 전달할 수 있는 학습 지도 능력을 갖춰야 해요. 아울러 학생들의 인격 형성에 큰 영향을 끼치는 존재로서 본인 스스로가 본받을 만한 인격을 지닌 사람이 되고자 하는 태도가 필요합니다. 학생을 이해하려는 마음과 책임감은 선생님이 기본적으로 갖춰야 할 덕목이지요. 방학 동안 개인적인 시간을 가질 수 있다는 것이 선생님의 직업적 장점 중 하나이지만, 사실 방학 동안에도 교육청에서 진행하는 다양한 프로그램에 참여하는 등 새로운 지식과 교육 방법을 연구하기 위해 끊임없이 노력해야 합니다.

선생님은 학교에서 안정적으로 일을 할 수 있다는 점 때문에 많은 이들이 희망하는 직업으로 정부에서도 선생님 한 명당 학생 수를 줄여 교육의 질을 높이려고 노력하고 있어요.

 선생님이 되고 싶은 친구들이라면 다른 사람의 말에 귀를 기울일 줄 알아야 하고, 같은 내용이라도 다른 사람이 이해하기 쉽게 설명하는 습관을 들여야 해요. 다방면에 관심을 가지며, 활동적이고 긍정적인 자세도 필요하지요.

여기서 잠깐!

선생님이란 직업은 이런 친구에게 잘 맞아요!

- 다방면에 관심이 많고, 활동적이며 긍정적이다.
- 친구를 잘 배려하고 이해심이 많다.
- 학습하는 것을 좋아한다.
- 아는 것을 친구에게 쉽고 정확하게 전달한다.
- 맡은 일은 책임감과 끈기를 가지고 해낸다.
- 어린 아이들을 좋아하고, 보살피기를 좋아한다

선생님은 크게 유치원 선생님, 초등학교 선생님,
중·고등학교 선생님으로 나눌 수 있어요.
지금부터 자세히 알아볼까요?

한순간도 눈을 떼지 않아요! 유치원 선생님

유치원은 만 3세에서 초등학교에 입학하기 전의 유아들이 기초를 배우기 위해 다니는 교육기관
입니다. 유치원 선생님들은 유아들을 외부의 위험에서 안전하게 보호하고, 유아들이 다양한 신체
활동을 통해 기초 체력을 길러 건강하게 생활하고, 집단생활에 적응하며 바른 생활 습관을 가질
수 있도록 지도하지요. 또한 유아들이 바른 언어로 자신의 생각을 표현하고, 여러 현상에 대해 호
기심을 가지고 창의력과 인지능력을 발달시킬 수 있도록 유아들의 눈높이에 맞춰 여러 가지 놀이

학습을 연구해요. 더욱이 유치원의 수업은 게
임이나 율동, 동화, 현장학습 등의 활동 수업이
나 야외 수업이므로 유아들의 안전이 무엇보다
중요하기에, 어떤 상황에서도 눈을 떼서는 안
됩니다. 그렇기 때문에 유치원 선생님에겐 무엇
보다 유아들을 사랑하는 마음과 자세가 중요
하답니다.

유치원에서 야외 수업 중
들뜬 마음에 어느새 친구들과
떨어져 버린 원하트!

 선생님들은 유아들에게서 잠시도
눈을 떼서는 안 돼요.

전 과목을 가르쳐요! 초등학교 선생님

본격적인 교과 수업이 시작되는 초등학교에서는 담임을 맡은 선생님이 반 학생들에게 대부분의
교과를 가르치고 생활교육을 지도합니다. 물론 체육, 외국어, 미술 등의 과목은 전문 선생님이 따
로 있는 경우도 있지요. 각 과목마다 학습 계획을 세우고 교재와 학습 재료를 이용해 어떻게 하면
학생들에게 쉽고 재미있게 가르칠 수 있을지 고민하고 연구합니다. 그러므로 국어와 사회, 음악, 수

학 등 다양한 분야에 대한 이론과 지식을 갖춰야 하며, 학생들의 친구 관계와 학교 생활, 가정 생활을 살피며 바른 인성을 기를 수 있도록 지도해야 하지요. 특히 아직 사회성이 잘 다듬어지지 않은 어린이들에게 폭력이나 안전사고에 어떻게 대처해야 하는지 교육하는 것이 중요합니다. 또한 수업일지와 가정 통신문을 작성하는 일, 교육청에서 내려오는 여러 가지 일과 교직원 회의 등, 수업 외에 처리해야 할 업무가 많이 있어요.

 ## 학습과 진로를 지도해요! 중등학교(중·고교) 선생님

중등학교를 입학해서 가장 놀라운 것 중 하나는 매 교과 수업마다 선생님이 다르다는 점일 거예요. 교과목이 세분화되고, 많아지면서 담당 교과목에 따라 국어 선생님, 영어 선생님, 체육 선생님 등으로 불리지요. 중등학교 선생님은 중학교나 고등학교에서 학생들에게 담당 과목을 가르치고, 학생들의 생활을 지도합니다. 특히 담임을 맡을 경우엔 저마다 다양한 개성을 드러내며 반항과 갈등의 시기를 겪고 있는 학생들을 이해하고 고민을 상담하며, 진로를 지도하는 일도 매우 중요해요. 대학 진학을 앞두고 있는 수험생이나 취업을 앞둔 취업 준비생을 지도하는 선생님들은 더 집중적으로 지식과 기술 전달을 위해 시간과 노력을 아끼지 않습니다.

오늘은 학교 대신 놀러가자~!

 선생님은 반항과 갈등의 시기를 겪는 학생들을 이해하고 지도해야 해요.

선생님 필수 품목

① 수첩과 필기도구

수업을 하면서 느끼는 특이 사항이나 학습 내용과 진도 상황 등을 기록합니다. 또한 학생들의 사진과 함께 특징을 적어 놓아 학생들의 특성을 기억하고 이해하는 데 활용하지요.

② 휴대용 USB 수업을 위해 휴대용 USB에 수업 자료를 저장해 놓고 가지고 다닙니다.

③ 도장과 깜짝 선물

수업 시간에 발표를 했거나 숙제를 잘해 오는 등, 수업 태도가 좋은 학생들에게 특별한 도장을 찍어 줍니다. 일정한 도장 개수를 채우면 사탕이나 캐러멜 등의 깜짝 선물을 주지요. 흥미진진한 수업을 위해 꼭 필요해요.

선생님 되기 코스

유치원 선생님	전문대학 및 대학교의 유아교육 관련 학과에 진학해 관련학과 학점과 실습을 통해 〈유치원 2급 정교사〉 자격증을 얻습니다. ➡ 공개채용이나 교수 추천을 통해 사립유치원에 근무하거나 각 시도에서 시행하는 유치원 교사 임용시험을 준비, 합격합니다. ➡ 사립유치원을 포함, 국공립 유치원에서 근무합니다.
초등학교 선생님	전국 10개의 교육대학교 또는 한국교원대학교 또는 이화여자대학교의 초등교육과에 진학해 〈초등학교 2급 정교사〉 자격증을 얻습니다. ➡ 사립초등학교에 근무하거나 초등교사 임용고시를 준비, 합격합니다. ➡ 사립초등학교를 포함, 국공립초등학교에 근무합니다.
중등학교 선생님	대학교의 사범계열학과에 진학하거나 일반학과에서 교직과목 수업을 들어 〈중등학교 2급 정교사〉 자격증을 얻습니다. ➡ 사립 중·고등학교에 근무하거나, 각 시도에서 실시하는 중등교사 임용 시험을 준비, 합격합니다. ➡ 사립 중·고등학교를 포함, 국공립 중·고등학교에 근무합니다.

관련직업 백서

☑ **특수학교 선생님** : 장애우 학생들이 장애를 극복하고 사회에서 역할을 찾아 적응할 수 있도록 교육합니다. 보통 장애우의 장애 정도, 발달 상황 등을 고려한 교재와 교육 방법을 통해 학습을 지도하지요. 학생에 대해 충분히 이해하고, 세심한 인내와 끈기, 관심을 가지는 것이 중요해요.

☑ **대학교수** : 4년제 대학과 전문대학 등에서 학생들을 지도하고 학문을 연구합니다. 학생들을 가르치는 동시에 전공 학문에 대한 연구도 계속하면서 논문을 발표해야 하지요. 또한 전공 분야와 관련해 정부의 정책이나 기업의 사업에 대해 조언을 하기도 하고, 강의에 쓸 교재나 전문 책을 쓰기도 한답니다.

☑ **장학사** : 학교가 어떻게 운영되는지, 학교의 교육과정과 선생님의 교수법이 잘 맞는지, 학교의 환경은 어떤지 점검하고 평가하면서 개선방안을 지도합니다. 교육과정과 학교의 업무를 모두 파악해야 하므로 가르친 경력이 많은 선생님들이 주로 장학사로 진출한답니다.

☑ **교구 및 교재개발자** : 교육 대상과 교육 내용에 맞춰 학습지나 교재를 기획, 구성하고 교구를 개발합니다. 어린이들이 재미있고 쉽게 학습할 수 있도록 다양한 퍼즐이나 수학학습 모형, 노래가 나오는 이야기책이나 외국어 발음을 들을 수 있는 책 등을 만들어내지요. 어린이들의 호기심을 불러일으킬 수 있는 감각과 창의력이 필요합니다.

출간기념 두근 두근 선물대잔치!

애독자엽서에 원하는 선물의 번호를 적어서 편집부로 보내주세요.
추첨을 통해 독자 여러분께 선물을 보내드립니다.

응모기간 2015년 9월 5일까지 (우체국 소인)
응모방법 애독자엽서에 원하는 선물 번호 기입
선정방식 응모기간 내 편집부 도착 엽서 추첨
당첨자발표 〈프렌즈스토리 직업체험〉 3권

※ 주의사항 : 선물 발송을 위해 필요한
개인정보(주소, 전화번호, 이름)가 엽서에 빠져 있을 경우,
당첨이 어려우니 필요한 정보를 정확히 적어주세요!

① 키자니아 4인 가족 반일권 3명
(어린이 2명+어른 2명, 108,000원 상당)

온 가족이 함께 즐겁게 다녀오세요~!

※ 키자니아 반일권이 추첨되신 분께는 편집부에서 개별 연락하여
원하시는 날짜로 입장권을 예약해 드립니다.

② 〈코믹 메이플스토리〉 21~40권 3명

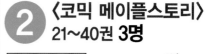

③ 〈수학도둑〉 21~40권 3명

④ 〈한자도둑〉 1~20권 3명

⑤ 〈쿠키런 시리즈〉 3명
한자런 1~2권, 과학 상식 1~6권,
맞춤법이 헷갈려?! 1~2권 (총 10권)

〈프렌즈스토리 1권〉 출간기념 선물대잔치 당첨자 발표~!

축하 축하~!

1. 아이패드 미니2
이대양 (경기도 양주시 고암길)

2. 〈코믹 메이플스토리〉 1~30권
정현령 (광주시 서구 하남대로)

3. 〈수학도둑〉 1~20권
최수연 (전라북도 김제시 교정길)

4. 〈명탐정 코난〉 1~20권
안수빈 (경상북도 포항시 남구)

5. 〈쿠키런 어드벤처〉 1~6권
박지수 (전라북도 군산시 미룡로)

6. 〈쿠키런 과학상식〉 1~3권
조윤재 (부산시 해운대구 재송2동)

7. 테크노캡틴 왕딱지 1Box
박태희 (충청북도 청주시 흥덕구)

8. 레이저 팡딱지 1Box
조현지 (대구시 북구 팔달동)

9. Star 축구공
곽용준 (울산시 중구 서인10길)
김연준 (경기도 하남시 신장2동)
김인영 (경기도 수원시 장안구)
정서현 (광주광역시 광산구 동림동)
한요한 (경기도 용인시 기흥구 마북동)

10. 메이플시계
강서현 (경기도 남양주시 금곡동)
강윤성 (대전시 동구 우암로)
계영신 (서울시 강동구 고덕로)

김세민 (경기도 부천시 소사구)
김예슬 (경기도 안산시 상록구)
김현민 (서울시 강북구 솔매로)
남영서 (경상남도 진주시 하대 2동)
박설유화 (서울시 성북구 석관동)
박지은 (서울시 마포구 성산동)
박희진 (경기도 수원시 영통동)
서재현 (경상남도 김해시 진영리)
선가은 (부산시 북구 금곡동)
안서윤 (경상남도 김해시 진영읍)
우하랑 (경기도 화성시 매송 고색로)
이민석 (경상남도 김해시 율하로)
이재진 (서울시 강서구 강서로)
이주영 (전라북도 군산시 양안로)
이호준 (서울시 서초구 서초동)
최규원 (경상남도 진주시 남성동)
홍준수 (경기도 성남시 분당구)

© 2003 NEXON Korea Corporation All Rights Reserved.

©Devsisters Corp.

어지러운 시대, 진정한 영웅은 누구인가? 영웅에게서 지혜를 얻는다!

블록으로 펼쳐지는 새로운 삼국지가 온다!

인자한 리더
유비

열혈 천하장사
장비

NEW

야심 찬 전략가
조조

중국 제일의 무사
관우

블록삼국지
사건 1

유비, 복숭아밭에서
의형제를 맺다!

블록삼국지
사건 2

장비, 황건적을
시원하게 소탕하다!

블록삼국지
사건 3

조조, 동탁 암살을
결심하다!

출간기념 이벤트

미니 바이크 세트,
프레임타이거 요요,
드론 추첨 33명

애독자 엽서를
보내 주세요!

* 재미와 유익함으로 독자여러분의 사랑에 보답하겠습니다.

값 9,500원 출판영업 : (02)791-0754   서울문화사

국어 성적이 쑥~쑥~ 오르는
5가지 맞춤법 고민 해결!

NEW

값 9,800원

알쏭달쏭 맞춤법,
이젠 헷갈리지 않아요!

우리들이 가장 궁금한 알쏭달쏭 맞춤법!

도전! 받아쓰기
100점!!

출간기념
이벤트

쿠키런 크리스탈
100개, 배지&노트
증정 (140명)

애독자 엽서 참여

15 Devsisters Corp. All Rights Reserved.

구입문의 : 02-7910-750(출판영업) 서울문화사

한자가 쉽고 즐거워지는 효과만점 학습만화!!

기초부터 한자능력시험까지 착착착!

시즌1 : 기본편 1~27권

흥미진진 한자만화	직접 쓰는 워크북	한자급수 시험격파	재미만점 사자성어	자신만만 한자카드

〈한자도둑 기본편〉 급수 연계표

권수	급수	해당 한자
1~2권	8급	50자
3~6권	7급	100자
7~12권	6급	150자
13~17권	5급	200자
18~27권	4급	500자

초등교과 한자어가 머리에 쏙쏙쏙!

시즌2 : 실전편 1~7권

각 권 한자어 125자 수록! (총 875자)

흥미진진 한자만화	초등한자어휘 자전	완전정복 워크북	재미만점 사자성어	교과어휘 정복문제	한자어휘 25 스티커

© 2003 NEXON Korea

구입문의 : (02) 791-0754 서울문화사